Impressum
Verlag: BABADADA GmbH, Nedderfeld 112 , 22529 Hamburg
Geschäftsführer / Verlagsleitung: Harald Hof
Druck: Books on Demand GmbH, In de Tarpen 42, 22848 Norderstedt

Imprint
Publisher: BABADADA GmbH, Nedderfeld 112 , 22529 Hamburg, Germany
Managing Director / Publishing direction: Harald Hof
Print: Books on Demand GmbH, In de Tarpen 42, 22848 Norderstedt

# skola

# school

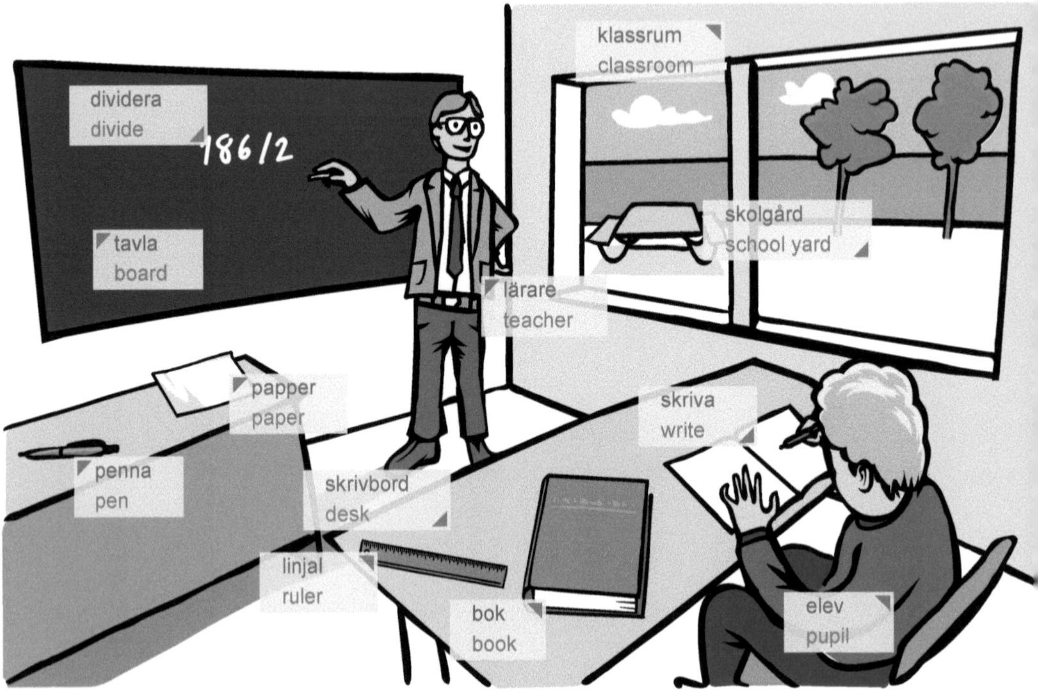

klassrum
classroom
dividera
divide
186/2
tavla
board
skolgård
school yard
lärare
teacher
papper
paper
skriva
write
penna
pen
skrivbord
desk
linjal
ruler
bok
book
elev
pupil


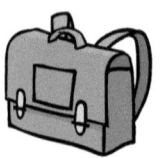

skolväska

satchel

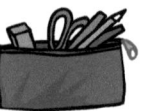

pennfodral

pencil case

blyertspenna

pencil

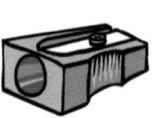

pennvässare

pencil sharpener

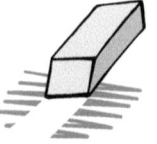

suddgummi

rubber

ritblock

drawing pad

teckning

drawing

pensel

paintbrush

målarlåda

paint box

sax

scissors

lim

glue

övningsbok

exercise book

hemläxa

homework

tal

number

2+2

addera

add

5-2

subtrahera

subtract

2×2

multiplicera

multiply

räkna

calculate

bokstav

letter

ABCDEFG
HIJKLMN
OPQRSTU
VWXYZ

alfabet

alphabet

ord

word

text

text

läsa

read

krita

chalk

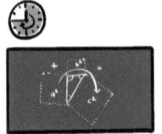

lektion

lesson

register

register

prov

exam

intyg

certificate

skoluniform

school uniform

utbildning

education

uppslagsverk

encyclopedia

universitet

university

mikroskop

microscope

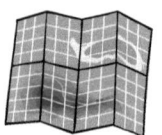

karta

map

papperskorg

waste-paper basket

# resa
# travel

hotell
hotel
Grand
vandrarhem
hostel
ROOMS
växelkontor
bureau de change
EXCHANGE
resväska
suitcase
bil
car


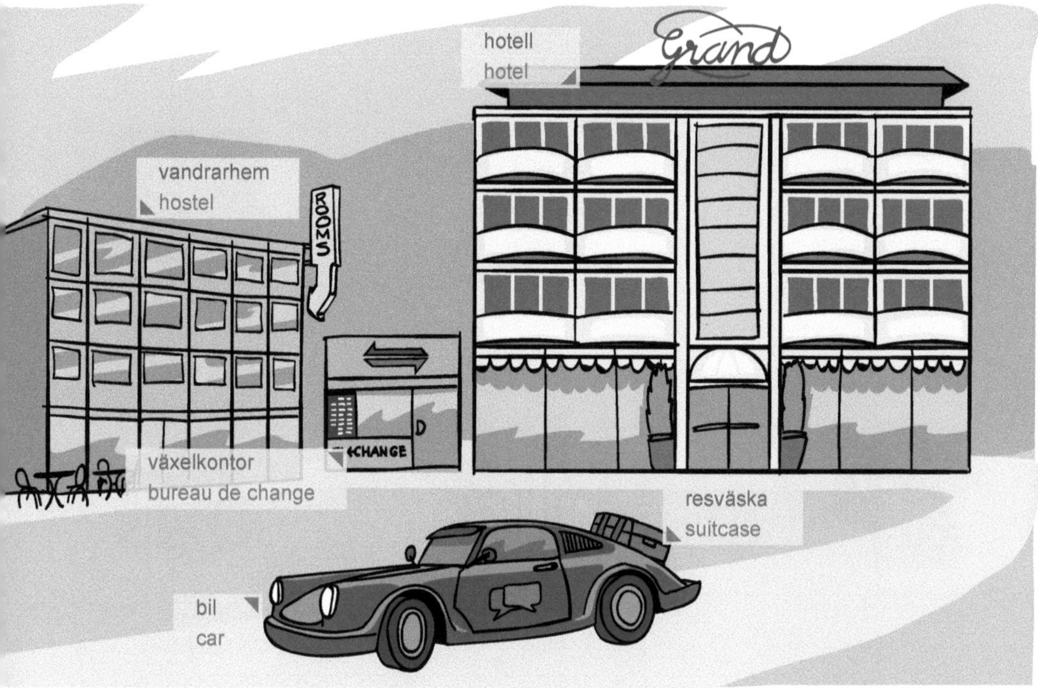

språk

language

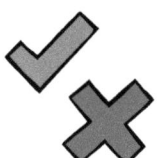

ja / nej

yes / no

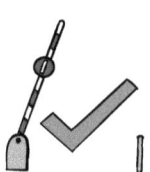

Okay

Okay

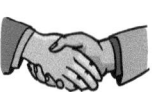

hej

hello

översättare

translator

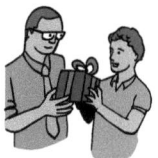

Tack

Thank you

hur mycket kostar...?

how much is...?

jag förstår inte

I do not understand

problem

problem

God kväll!

Good evening!

God morgon!

Good morning!

God natt!

Good night!

hejdå

bye bye

riktning

direction

bagage

luggage

väska

bag

ryggsäck

backpack

gäst

guest

rum

room

sovsäck

sleeping bag

tält

tent

turistinformation

tourist information

strand

beach

kreditkort

credit card

frukost

breakfast

lunch

lunch

middag

dinner

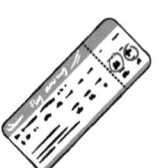

biljett

ticket

hiss

lift

frimärke

stamp

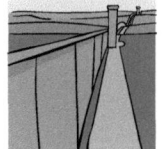

gräns

border

tull

customs

ambassad

embassy

visum

visa

pass

passport

# transport
# transport

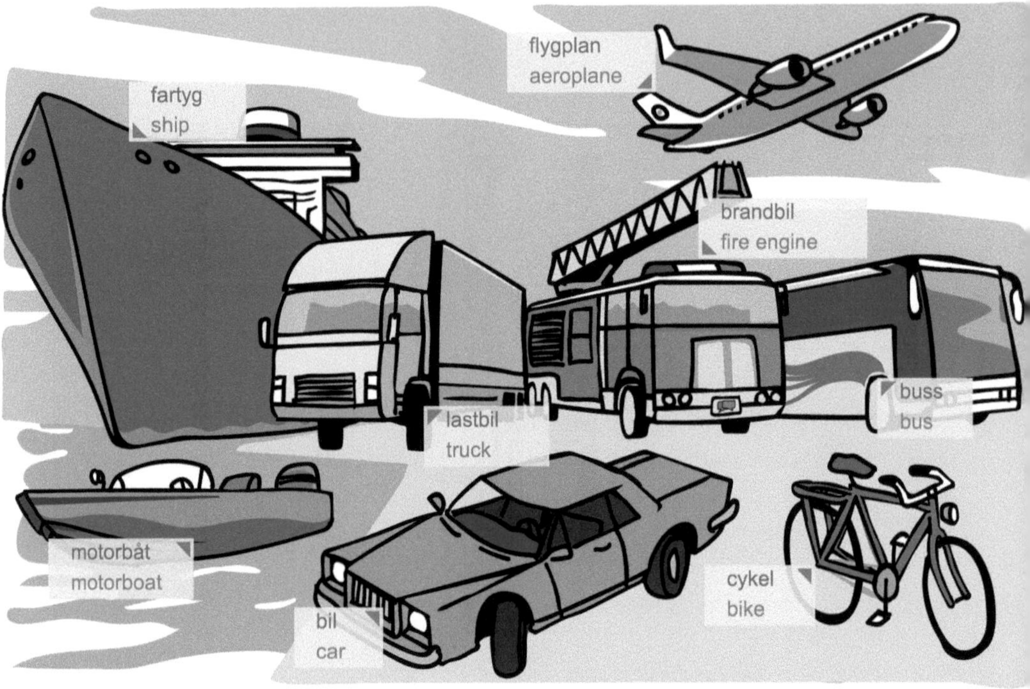

flygplan
aeroplane
fartyg
ship
brandbil
fire engine
buss
bus
lastbil
truck
motorbåt
motorboat
cykel
bike
bil
car


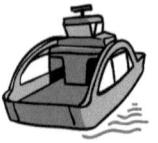

färja

ferry

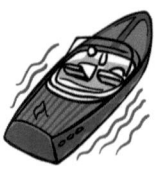

båt

boat

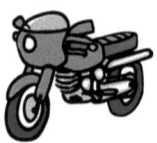

motorcykel

motorbike

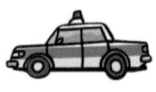

polisbil

police car

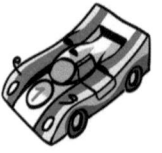

racerbil

racing car

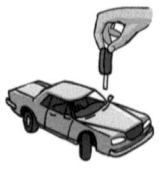

hyrbil

rental car

bilpool

car sharing

bärgningsbil

breakdown truck

sopbil

refuse truck

motor

motor

bränsle

fuel

bensinstation

petrol station

vägmärke

traffic sign

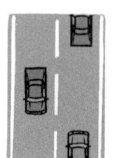

trafik

traffic

bilkö

traffic jam

parkeringsplats

car park

tågstation

train station

räls

tracks

tåg

train

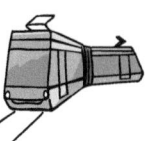

spårvagn

tram

vagn

carriage

helikopter

helicopter

flygplats

airport

torn

tower

passagerare

passenger

container

container

kartong

carton

vagn

cart

korg

basket

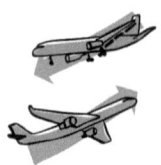

starta / landa

take off / land

## stad

## city

by

village

centrum

city centre

hus

house

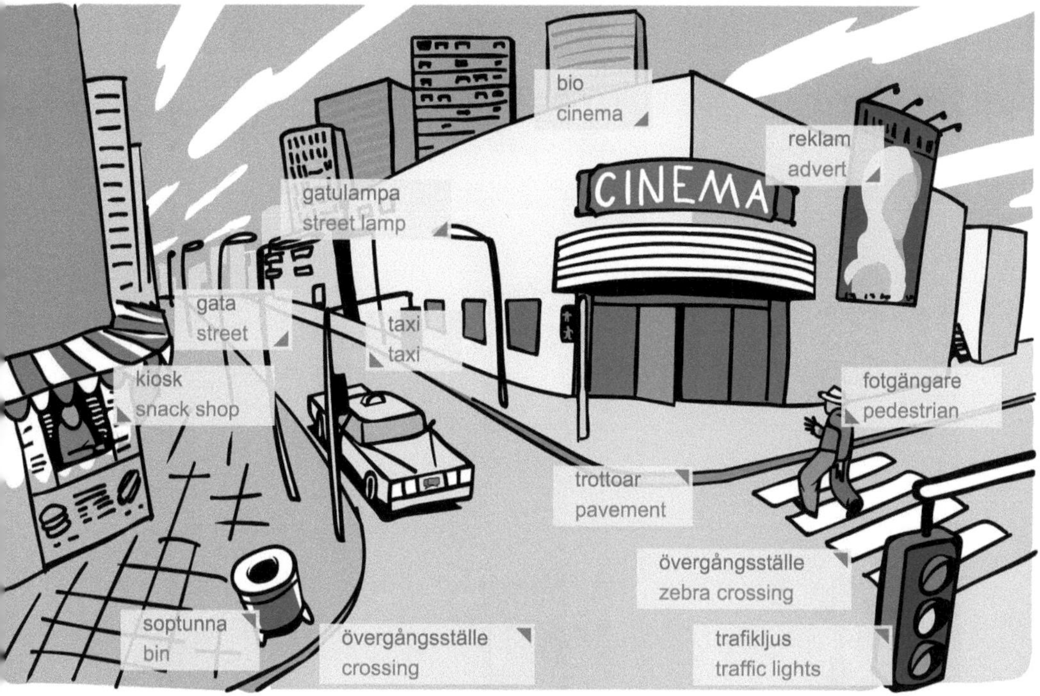

bio
cinema

reklam
advert

gatulampa
street lamp

gata
street

taxi
taxi

kiosk
snack shop

fotgängare
pedestrian

trottoar
pavement

övergångsställe
zebra crossing

soptunna
bin

övergångsställe
crossing

trafikljus
traffic lights

stuga
hut

lägenhet
flat

tågstation
train station

stadshus
town hall

museum
museum

skola
school

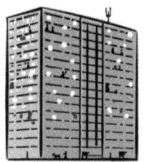

stad - city

universitet

university

bank

bank

sjukhus

hospital

hotell

hotel

apotek

pharmacy

kontor

office

bokhandel

book shop

affär

shop

blomsterbutik

florist's

stormarknad

supermarket

marknad

market

varuhus

department store

fiskhandlare

fishmonger's

köpcentrum

shopping centre

hamn

harbour

park
park

bänk
bench

brygga
bridge

trappa
stairs

tunnelbana
underground

tunnel
tunnel

busshållplats
bus stop

bar
bar

restaurang
restaurant

brevlåda
postbox

gatuskylt
street sign

parkeringsautomat
parking meter

zoo
zoo

simbassäng
swimming pool

moské
mosque

|  |  |  |
|---|---|---|
| bondgård | förorening | kyrkogård |
| farm | pollution | graveyard |

|  |  |  |
|---|---|---|
| kyrka | lekplats | tempel |
| church | playground | temple |

# landskap
## landscape

löv
leaf

vägskylt
signpost

väg
way

äng
meadow

sten
stone

träd
tree

liftare
hiker

flod
river

gräs
grass

blomma
flower

dal

valley

kulle

hill

sjö

lake

skog

forest

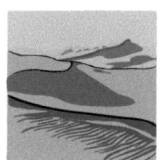

öken

desert

vulkan

volcano

slott

castle

regnbåge

rainbow

svamp

mushroom

palm

palm tree

mygga

mosquito

fluga

fly

myra

ant

bi

bee

spindel

spider

landskap - landscape

skalbagge

beetle

groda

frog

ekorre

squirrel

igelkott

hedgehog

hare

hare

uggla

owl

fågel

bird

svan

swan

vildsvin

boar

rådjur

deer

älg

moose

damm

dam

vindkraftverk

wind turbine

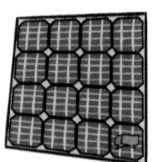

solcellspanel

solar panel

klimat

climate

# restaurang
# restaurant

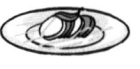

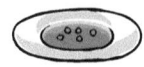

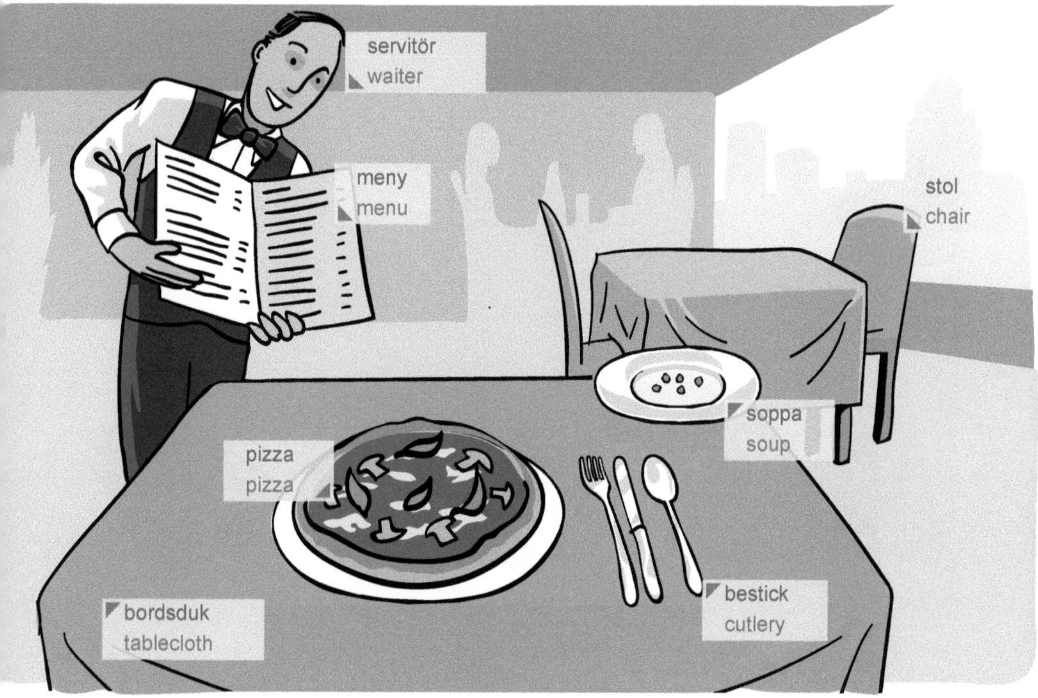

servitör
waiter
meny
menu
stol
chair
sopppa
soup
pizza
pizza
bordsduk
tablecloth
bestick
cutlery


förrätt

starter

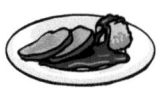

huvudrätt

main course

dessert

dessert

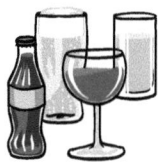

drycker

drinks

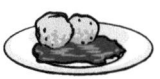

mat

food

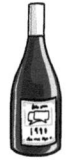

flaska

bottle

snabbmat

fast food

street food

street food

tekanna

teapot

sockerskål

sugar bowl

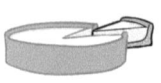

portion

portion

espressomaskin

espresso machine

barnstol

high chair

räkning

bill

bricka

tray

kniv

knife

gaffel

fork

sked

spoon

tesked

teaspoon

servett

serviette

glas

glass

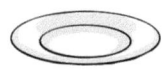

tallrik
plate

sopptallrik
soup plate

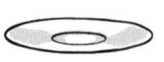

tefat
saucer

sås
sauce

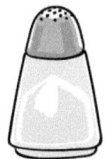

saltkar
salt pot

pepparkvarn
pepper mill

vinäger
vinegar

olja
oil

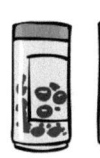

kryddor
spices

ketchup
ketchup

senap
mustard

majonnäs
mayonnaise

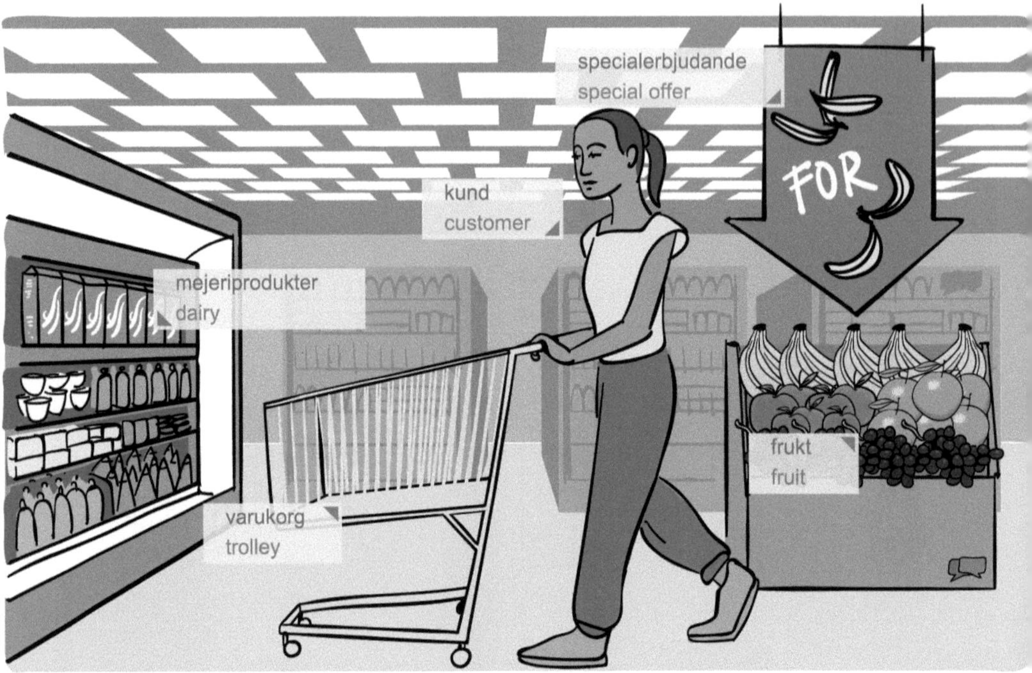

specialerbjudande
special offer

kund
customer

mejeriprodukter
dairy

frukt
fruit

varukorg
trolley

| | | |
|---|---|---|
|  |  |  |
| charkuteri | bageri | väga |
| butcher's | baker's | weigh |
|  | 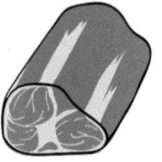 | 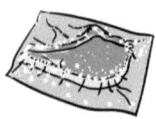 |
| grönsaker | kött | frysta livsmedel |
| vegetables | meat | frozen food |

**pålägg**
cold meat

**konserver**
tinned food

**tvättmedel**
washing powder

**godis**
sweets

**hushållsprodukter**
household products

**rengöringsmedel**
cleaning products

**försäljare**
salesperson

**kassa**
till

**kassör**
cashier

**inköpslista**
shopping list

**öppettider**
opening hours

**plånbok**
wallet

**kreditkort**
credit card

**väska**
bag

**plastpåse**
plastic bag

vatten

water

juice

juice

mjölk

milk

cola

coke

vin

wine

öl

beer

alkohol

alcohol

kakao

cocoa

te

tea

kaffe

coffee

espresso

espresso

cappuccino

cappuccino

banan

banana

äpple

apple

apelsin

orange

melon

melon

citron

lemon

morot

carrot

vitlök

garlic

bambu

bamboo

lök

onion

svamp

mushroom

nötter

nuts

nudlar

noodles

spaghetti

spaghetti

ris

rice

sallad

salad

pommes frites

chips

stekt potatis

fried potatoes

pizza

pizza

hamburgare

hamburger

smörgås

sandwich

schnitzel

cutlet

skinka

ham

salami

salami

korv

sausage

kyckling

chicken

stek

roast

fisk

fish

**havregryn**
porridge oats

**müsli**
muesli

**cornflakes**
cornflakes

**mjöl**
flour

**croissant**
croissant

**fralla**
bread roll

**bröd**
bread

**rostat bröd**
toast

**kex**
biscuits

**smör**
butter

**kvarg**
curd

**kaka**
cake

**ägg**
egg

**stekt ägg**
fried egg

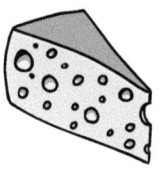

**ost**
cheese

glass
ice cream

socker
sugar

honung
honey

sylt
jam

nougatkräm
chocolate spread

curry
curry

# bondgård
# farm

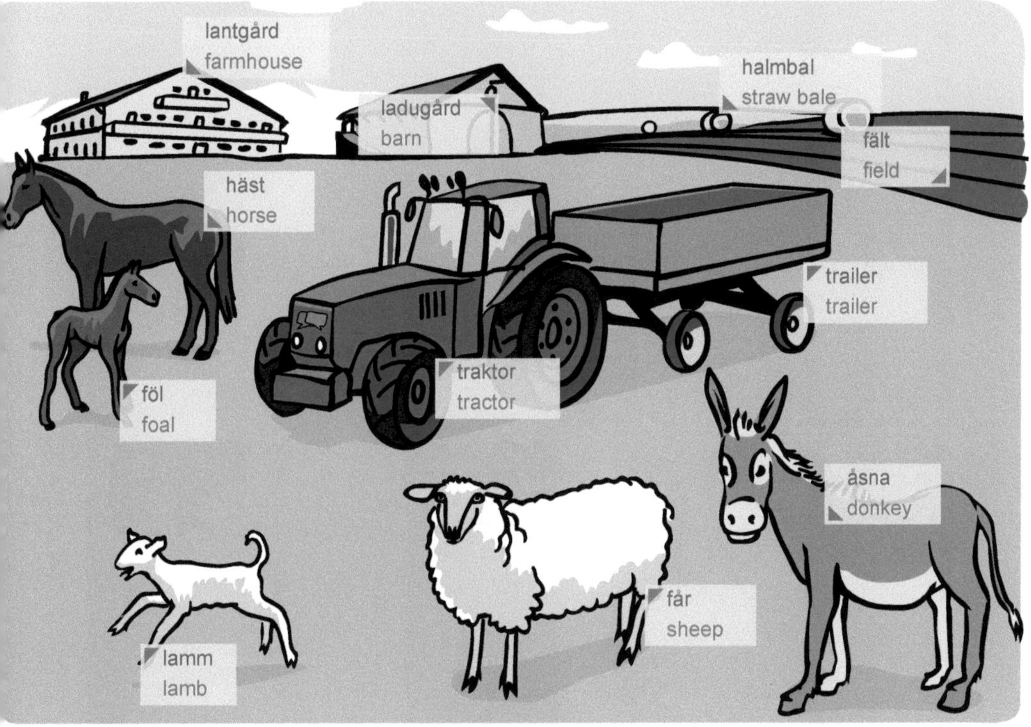
lantgård
farmhouse
ladugård
barn
halmbal
straw bale
fält
field
häst
horse
trailer
trailer
traktor
tractor
föl
foal
åsna
donkey
får
sheep
lamm
lamb

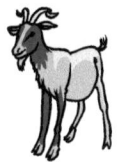

get

goat

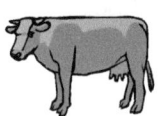

ko

cow

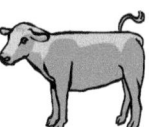

kalv

calf

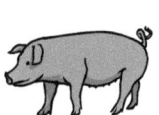

gris

pig

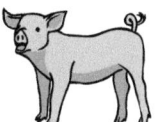

griskulting

piglet

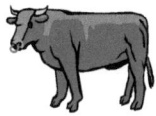

tjur

bull

gås
goose

anka
duck

kyckling
chick

höna
hen

tupp
cock

råtta
rat

katt
cat

mus
mouse

oxe
ox

hund
dog

hundkoja
doghouse

trädgårdsslang
garden hose

vattenkanna
watering can

lie
scythe

plog
plough

skära
sickle

hacka
hoe

högaffel
pitchfork

yxa
axe

skottkärra
wheelbarrow

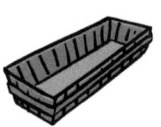

tråg
trough

mjölkflaska
milk can

säck
sack

staket
fence

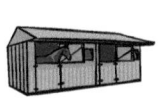

stall
stable

växthus
greenhouse

jord
soil

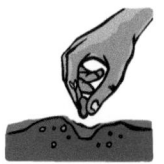

säd
seed

gödsel
fertilizer

skördetröska
combine harvester

skörda

harvest

skörd

harvest

jams

yams

vete

wheat

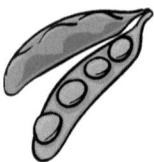

soja

soy

potatis

potato

majs

corn

raps

rapeseed

fruktträd

fruit tree

maniok

cassava

spannmål

cereals

# hus

# house

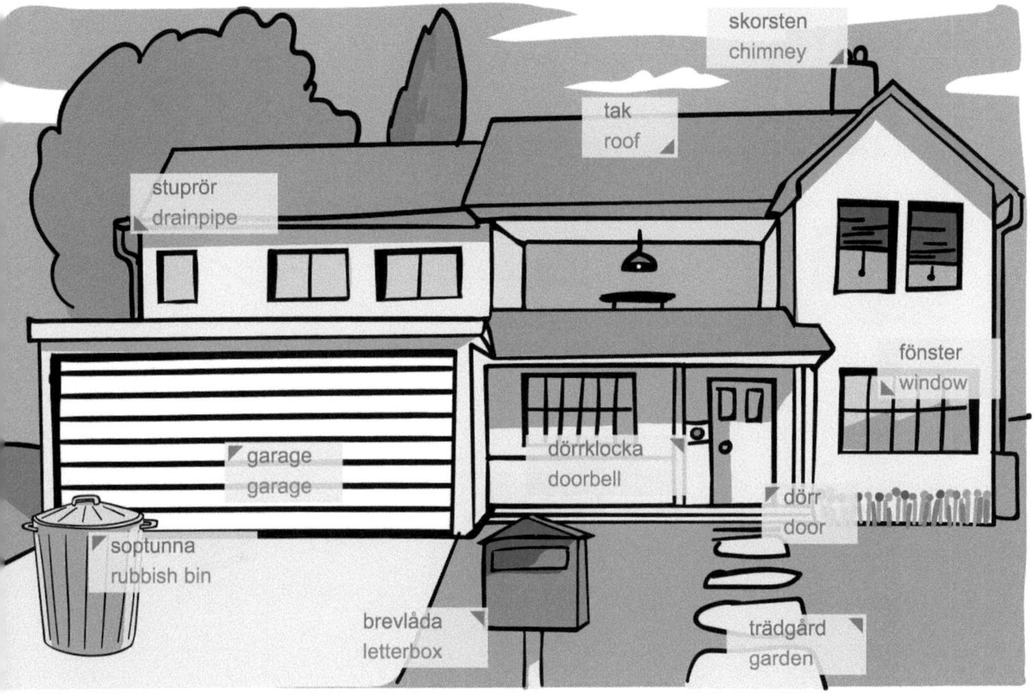
skorsten
chimney
tak
roof
stupрör
drainpipe
fönster
window
garage
garage
dörrklocka
doorbell
dörr
door
soptunna
rubbish bin
brevlåda
letterbox
trädgård
garden

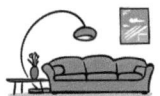

vardagsrum
living room

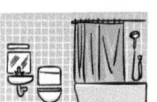

badrum
bathroom

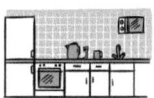

kök
kitchen

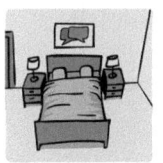

sovrum
bedroom

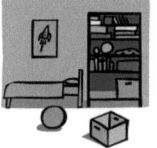

barnrum
child's room

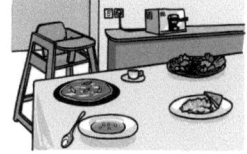

matsal
dining room

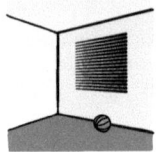

golv

floor

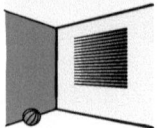

vägg

wall

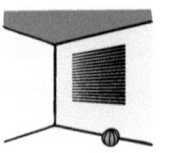

tak

ceiling

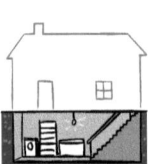

källare

cellar

bastu

sauna

balkong

balcony

terrass

terrace

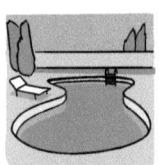

bassäng

pool

gräsklippare

lawn mower

lakan

sheet

överkast

bedspread

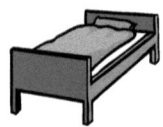

säng

bed

kvast

broom

hink

bucket

strömbrytare

switch

# vardagsrum
## living room

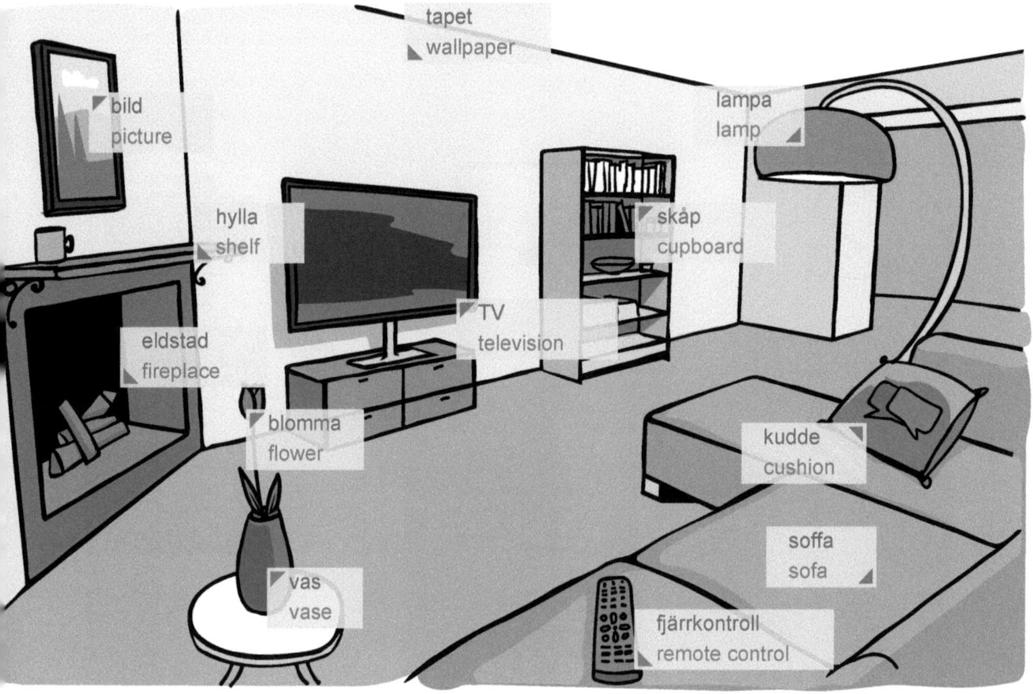
tapet
wallpaper
bild
picture
lampa
lamp
hylla
shelf
skåp
cupboard
TV
television
eldstad
fireplace
blomma
flower
kudde
cushion
soffa
sofa
vas
vase
fjärrkontroll
remote control

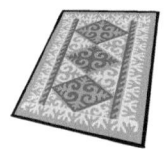

matta
carpet

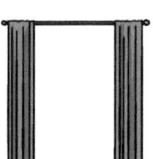

gardin
curtain

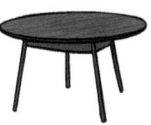

bord
table

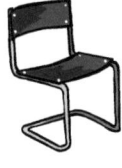

stol
chair

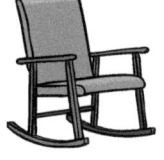

gungstol
rocking chair

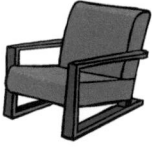

fåtölj
armchair

bok

book

filt

blanket

dekoration

decoration

vedträ

firewood

film

film

stereoanläggning

hi-fi equipment

nyckel

key

dagstidning

newspaper

målning

painting

poster

poster

radio

radio

anteckningsbok

notepad

dammsugare

hoover

kaktus

cactus

stearinljus

candle

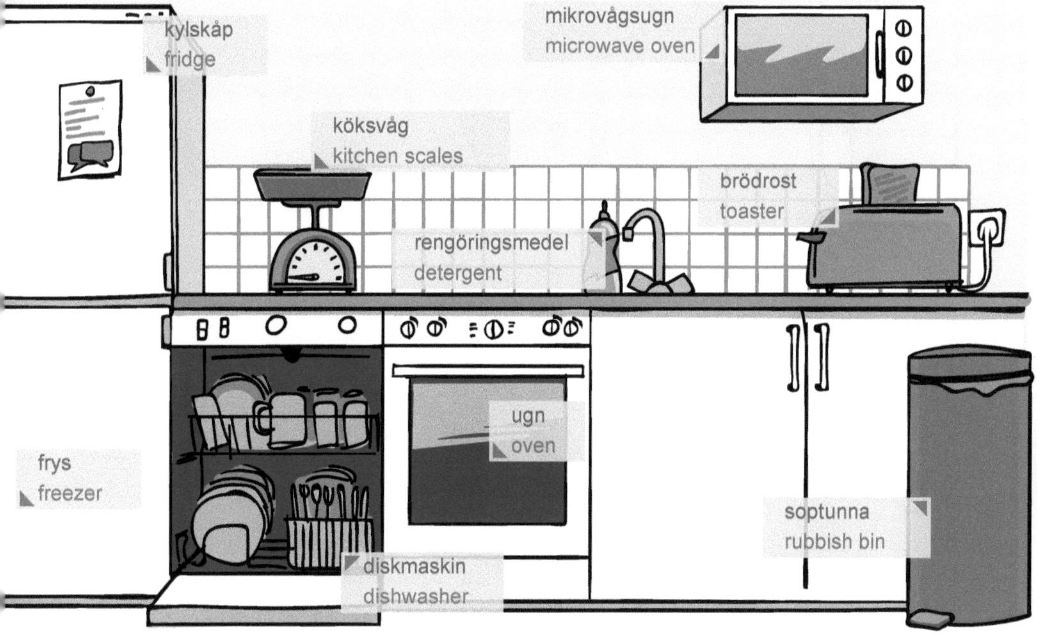

kylskåp
fridge

mikrovågsugn
microwave oven

köksvåg
kitchen scales

brödrost
toaster

rengöringsmedel
detergent

ugn
oven

frys
freezer

soptunna
rubbish bin

diskmaskin
dishwasher

spis
cooker

kastrull
pot

järngryta
cast-iron pot

wok / kadai
wok / kadai

stekpanna
pan

vattenkokare
kettle

**ångkokare**

steamer

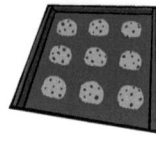

**bakplåt**

baking tray

**porslin**

crockery

**mugg**

mug

**skål**

bowl

**ätpinnar**

chopsticks

**soppslev**

ladle

**stekspade**

spatula

**visp**

whisk

**durkslag**

strainer

**sil**

sieve

**rivjärn**

grater

**mortel**

mortar

**grill**

barbecue

**brasa**

open fire

**skärbräda**

chopping board

**kavel**

rolling pin

**korkskruv**

corkscrew

**burk**

can

**burköppnare**

can opener

**grytlapp**

pot holder

**vask**

sink

**borste**

brush

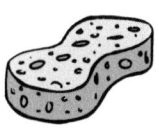

**svamp**

sponge

**mixer**

blender

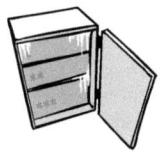

**frys**

deep freezer

**nappflaska**

baby bottle

**kran**

tap

# badrum
# bathroom

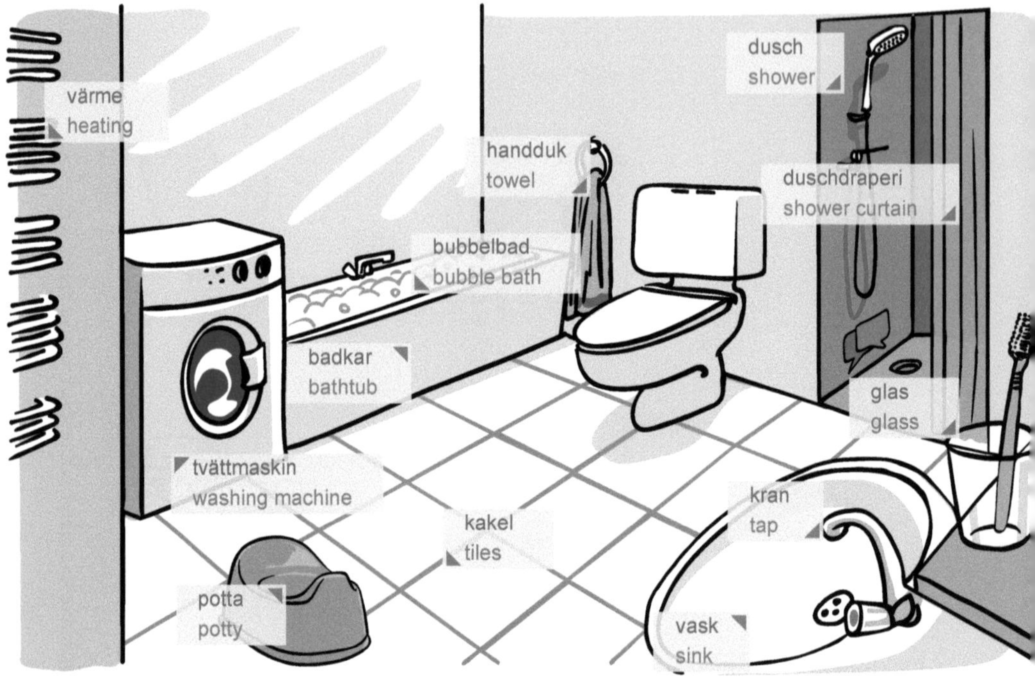

värme
heating
dusch
shower
handduk
towel
duschdraperi
shower curtain
bubbelbad
bubble bath
badkar
bathtub
glas
glass
tvättmaskin
washing machine
kran
tap
kakel
tiles
potta
potty
vask
sink


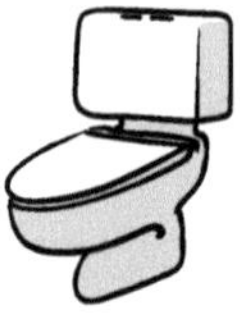

toalett

toilet

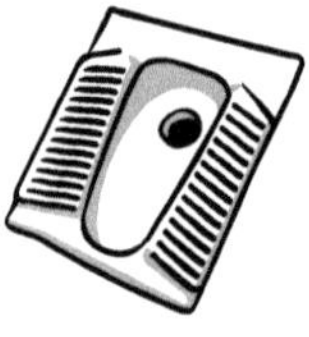

låg toalett

squat toilet

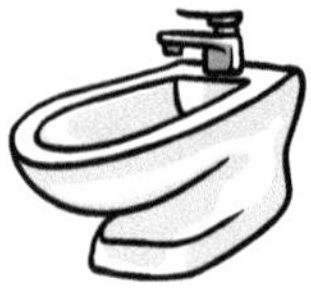

bidet

bidet

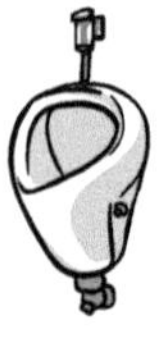

pissoar

urinal

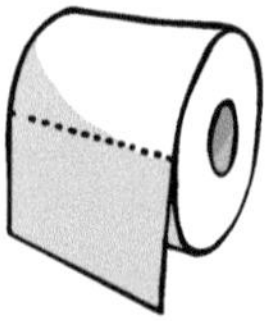

toalettpapper

toilet paper

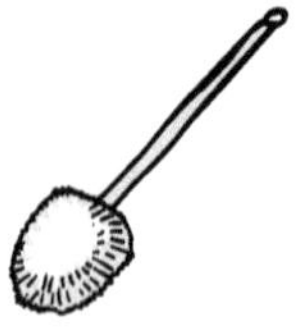

toalettborste

toilet brush

**tandborste**

toothbrush

**tandkräm**

toothpaste

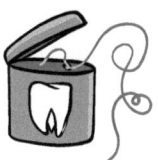

**tandtråd**

dental floss

**tvätta**

wash

**handdusch**

handheld shower

**intimdusch**

douche

**handfat**

basin

**ryggborste**

back brush

**tvål**

soap

**duschgel**

shower gel

**schampo**

shampoo

**trasa**

flannel

**avlopp**

drain

**crème**

cream

**deodorant**

deodorant

spegel

mirror

handspegel

hand mirror

rakhyvel

razor

raklödder

shaving foam

rakvatten

aftershave

kam

comb

borste

brush

hårtork

hair dryer

hårspray

hairspray

smink

makeup

läppstift

lipstick

nagellack

nail varnish

bomullsvadd

cotton wool

nagelsax

nail scissors

parfym

perfume

**necessär**

washbag

**pall**

stool

**våg**

weighing scale

**badrock**

bathrobe

**gummihandskar**

rubber gloves

**tampong**

tampon

**binda**

sanitary towel

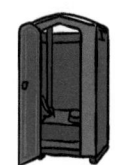

**kemisk toalett**

chemical toilet

# barnrum

# child's room

väckarklocka
alarm clock
gosedjur
cuddly toy
leksaksbil
toy car
skallra
rattle
dockhus
doll's house
present
present

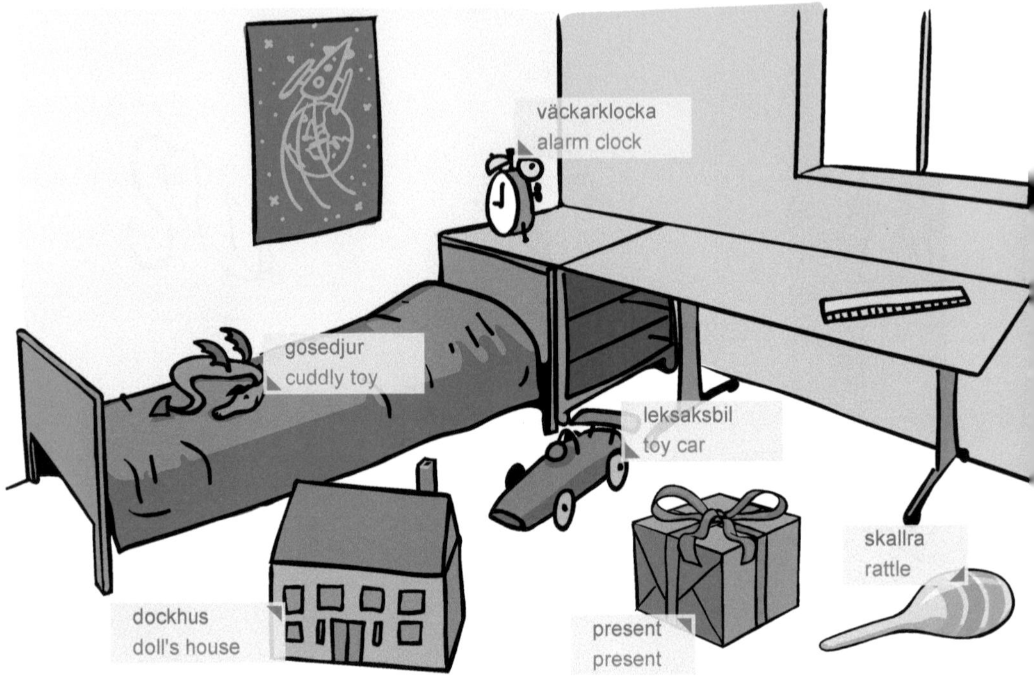

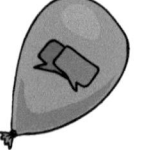

ballong

balloon

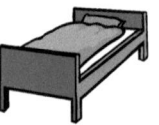

säng

bed

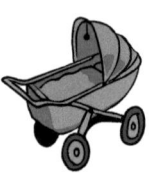

barnvagn

pram

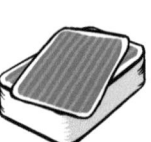

kortlek

deck of cards

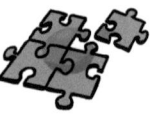

pussel

jigsaw

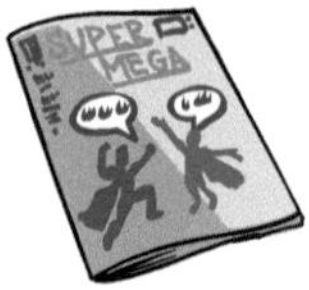

serietidning

comic

legobitar

lego bricks

klossar

building blocks

actionfigur

action figure

sparkdräkt

babygrow

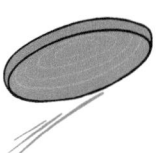

frisbee

frisbee

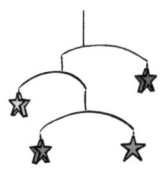

mobil

mobile

brädspel

board game

tärning

dice

modelljärnväg

model train set

napp

dummy

party

party

bilderbok

picture book

boll

ball

docka

doll

spela

play

sandlåda

sandpit

gunga

swing

leksaker

toys

spelkonsol

video game console

trehjuling

tricycle

nalle

teddy bear

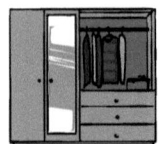

garderob

wardrobe

## kläder

## clothing

sockar

socks

strumpor

stockings

tights

tights

halsduk
scarf

paraply
umbrella

t-shirt
t-shirt

bälte
belt

stövlar
boots

tofflor
slippers

sneakers
trainers

| sandaler | skor | gummistövlar |
|----------|------|--------------|
| sandals | shoes | rubber boots |

| underbyxor | BH | linne |
|------------|-----|-------|
| underpants | bra | vest |

kläder - clothing

body

body

byxor

trousers

jeans

jeans

kjol

skirt

blus

blouse

skjorta

shirt

pullover

pullover

sweater

hoodie

blazer

blazer

jacka

jacket

kappa

coat

regnjacka

raincoat

dräkt

costume

klänning

dress

bröllopsklänning

wedding dress

kostym

suit

nattlinne

nightgown

pyjamas

pyjamas

sari

sari

slöja

headscarf

turban

turban

burka

burqa

kaftan

kaftan

abaya

abaya

baddräkt

swimsuit

badbyxor

trunks

shorts

shorts

träningsoverall

tracksuit

förkläde

apron

handskar

gloves

kläder - clothing

knapp

button

glasögon

glasses

armband

bracelet

halsband

necklace

ring

ring

örhänge

earring

mössa

cap

galge

coat hanger

hatt

hat

slips

tie

dragkedja

zip

hjälm

helmet

hängslen

braces

skoluniform

school uniform

uniform

uniform

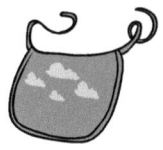

haklapp

bib

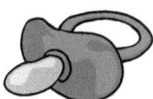

napp

dummy

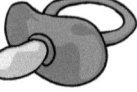

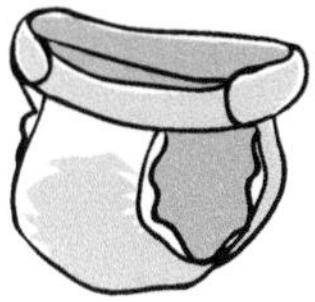

blöja

nappy

# kontor
# office

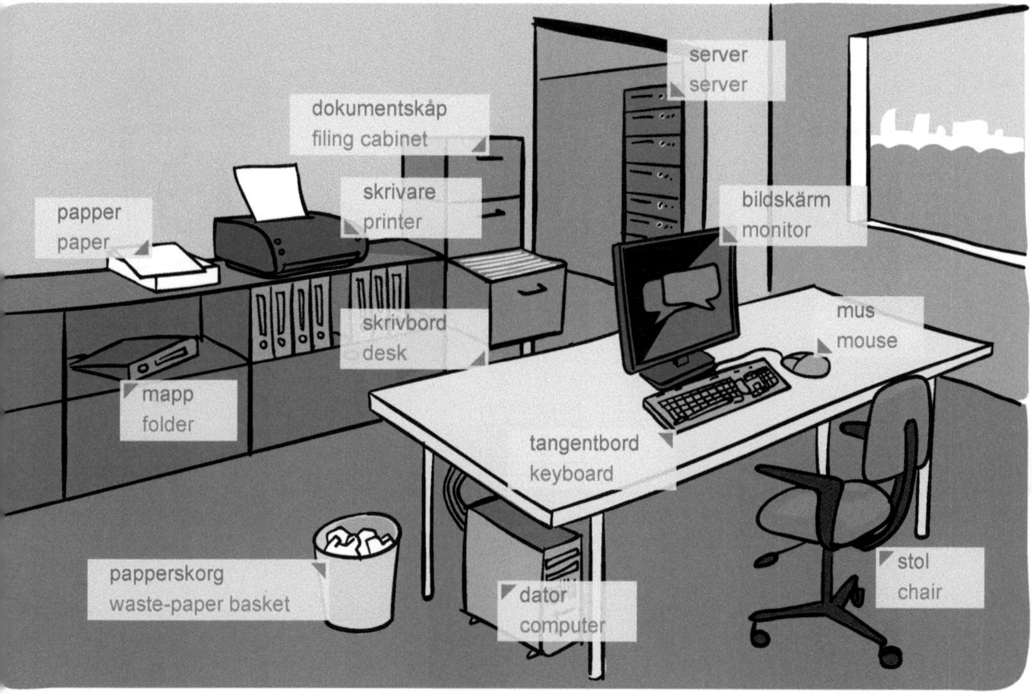

server
server
dokumentskåp
filing cabinet
papper
paper
skrivare
printer
bildskärm
monitor
mus
mouse
skrivbord
desk
mapp
folder
tangentbord
keyboard
papperskorg
waste-paper basket
dator
computer
stol
chair


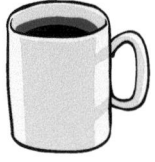

kaffemugg

coffee mug

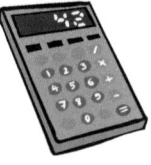

miniräknare

calculator

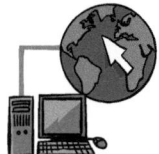

internet

internet

bärbar dator

laptop

brev

letter

meddelande

message

mobiltelefon

mobile

nätverk

network

kopieringsapparat

photocopier

programvara

software

telefon

telephone

vägguttag

plug socket

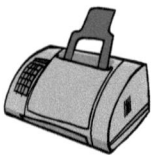

fax

fax machine

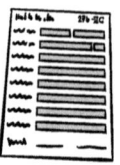

blankett

form

dokument

document

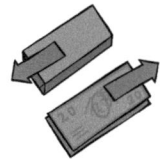

köpa
buy

betala
pay

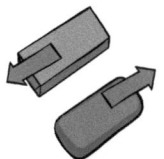

handla
trade

pengar
money

 **USD**

dollar
dollar

 **EUR**

euro
euro

 **JPY**

yen
yen

 **RUB**

rubel
rouble

 **CHF**

schweizisk franc
Swiss franc

 **CNY**

renminbi yan
renminbi yuan

 **INR**

rupie
rupee

bankomat
cashpoint

växelkontor

bureau de change

guld

gold

silver

silver

olja

oil

energi

energy

pris

price

kontrakt

contract

skatt

tax

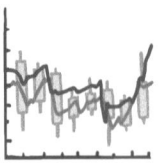

aktie

stock

arbeta

work

anställd

employee

arbetsgivare

employer

fabrik

factory

affär

shop

# yrken
## occupations

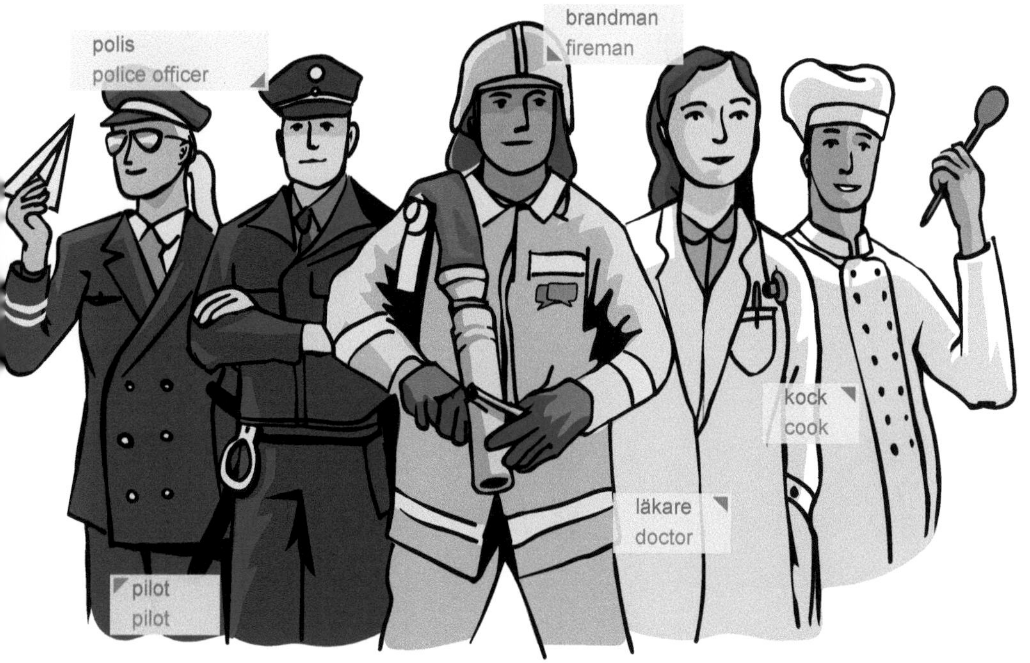

polis
police officer
brandman
fireman
kock
cook
läkare
doctor
pilot
pilot


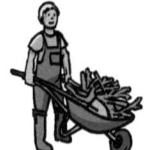

trädgårdsmästare

gardener

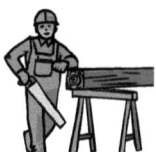

snickare

carpenter

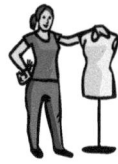

sömmerska

seamstress

domare

judge

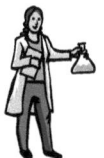

kemist

chemist

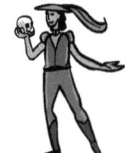

skådespelare

actor

busschaufför

bus driver

taxichaufför

taxi driver

fiskare

fisherman

städerska

cleaning lady

takläggare

roofer

servitör

waiter

jägare

hunter

målare

painter

bagare

baker

elektriker

electrician

byggarbetare

builder

ingenjör

engineer

slaktare

butcher

rörmokare

plumber

brevbärare

postman

**soldat**
soldier

**arkitekt**
architect

**kassör**
cashier

**florist**
florist

**frisör**
hairdresser

**konduktör**
conductor

**mekaniker**
mechanic

**kapten**
captain

**tandläkare**
dentist

**vetenskapsman**
scientist

**rabbin**
rabbi

**imam**
imam

**munk**
monk

**präst**
clergyman

# verktyg
## tools

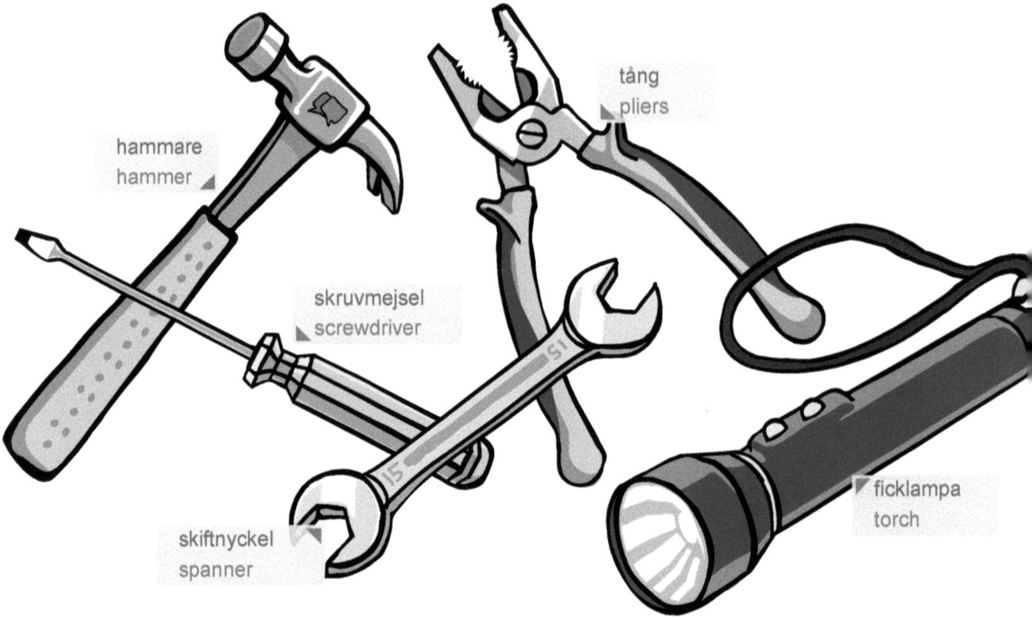

hammare
hammer
tång
pliers
skruvmejsel
screwdriver
skiftnyckel
spanner
ficklampa
torch


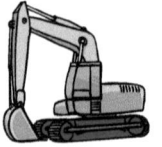

grävmaskin

digger

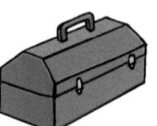

verktygslåda

toolbox

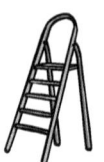

stege

ladder

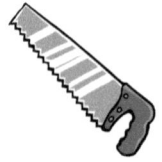

såg

saw

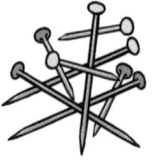

spik

nails

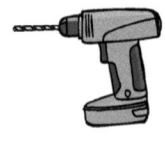

borr

drill

reparera
repair

spade
shovel

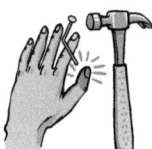

Helvete!
Damn!

sopskyffel
dustpan

färgburk
paint pot

skruvar
screws

## musikinstrument
## musical instruments

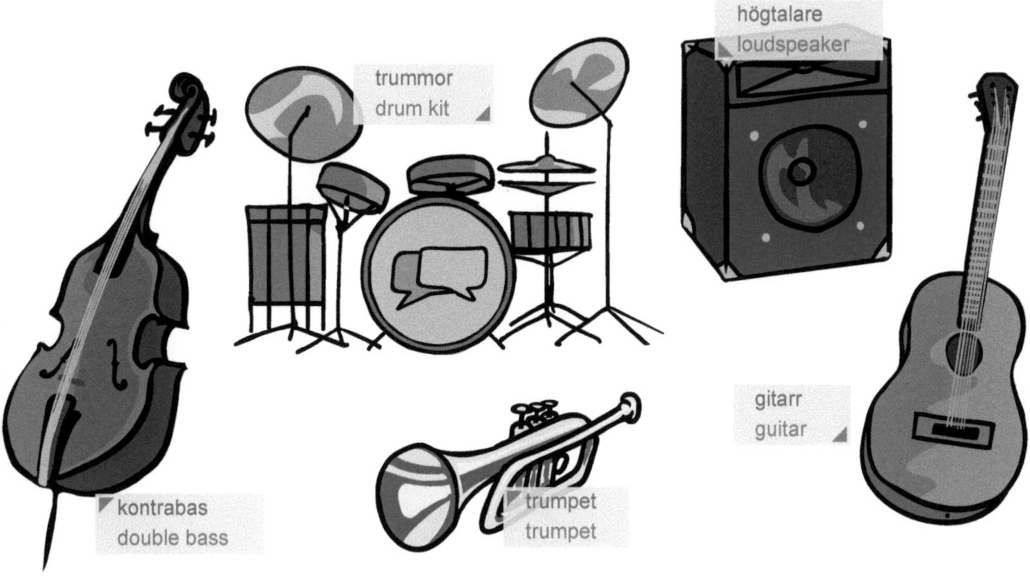

trummor
drum kit

högtalare
loudspeaker

gitarr
guitar

kontrabas
double bass

trumpet
trumpet

piano

piano

violin

violin

bas

bass

timpani

timpani

trumma

drums

keyboard

keyboard

saxofon

saxophone

flöjt

flute

mikrofon

microphone

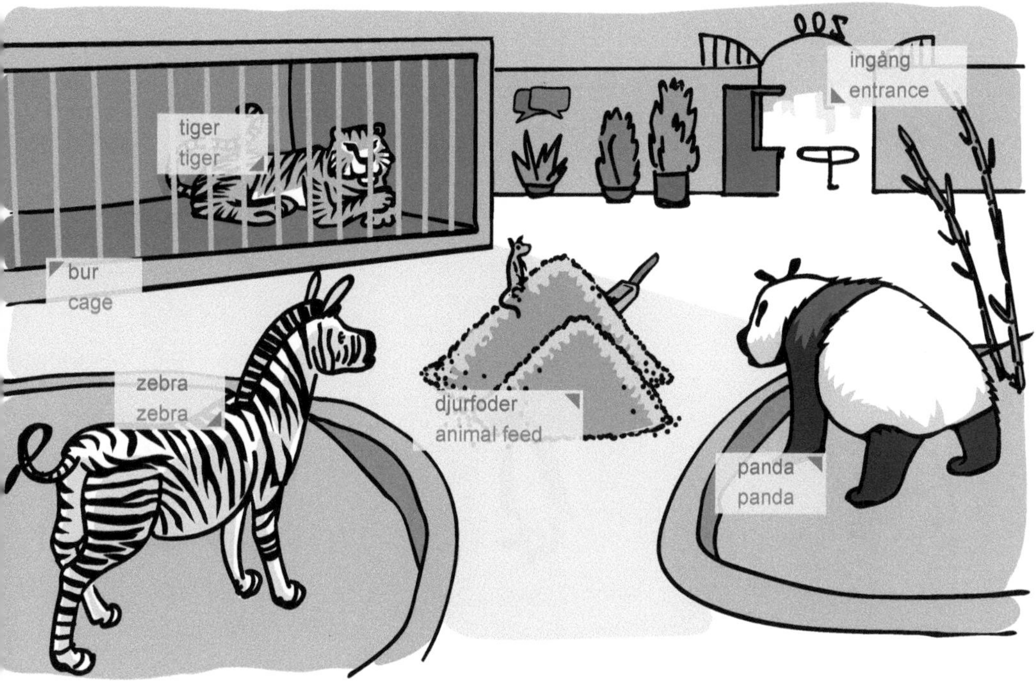

ingång
entrance

tiger
tiger

bur
cage

zebra
zebra

djurfoder
animal feed

panda
panda

djur
animals

elefant
elephant

känguru
kangaroo

noshörning
rhino

gorilla
gorilla

björn
bear

kamel

camel

struts

ostrich

lejon

lion

apa

monkey

flamingo

flamingo

papegoja

parrot

isbjörn

polar bear

pingvin

penguin

haj

shark

påfågel

peacock

orm

snake

krokodil

crocodile

djurskötare

zookeeper

säl

seal

jaguar

jaguar

ponny
pony

leopard
leopard

flodhäst
hippo

giraff
giraffe

örn
eagle

vildsvin
boar

fisk
fish

sköldpadda
turtle

valross
walrus

räv
fox

gazell
gazelle

amerikansk fotboll
American football

cykling
cycling

tennis
tennis

basket
basketball

simning
swimming

boxning
boxing

ishockey
ice hockey

fotboll
football

badminton
badminton

friidrott
athletics

handboll
handball

skidåkning
skiing

polo
polo

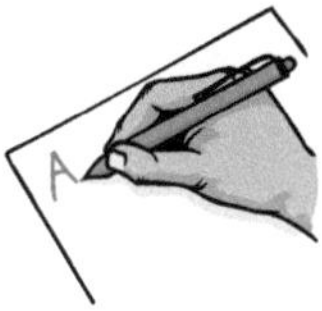

skratta
laugh

hoppa
jump

krama
hug

gå
walk

sjunga
sing

be
pray

drömma
dream

kyssa
kiss

skriva
write

rita
draw

visa
show

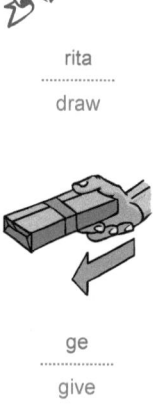

skjuta
push

ge
give

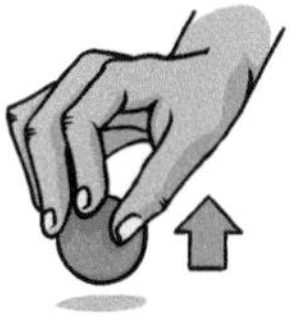

ta
take

**hagel**
have

**göra**
do

**vara**
be

**stå**
stand

**springa**
run

**dra**
pull

**kasta**
throw

**falla**
fall

**ligga**
lie

**vänta**
wait

**bära**
carry

**sitta**
sit

**klä på**
get dressed

**sova**
sleep

**vakna**
wake up

se på
look at

gråta
cry

smeka
stroke

kamma
comb

prata
talk

förstå
understand

fråga
ask

höra
listen

dricka
drink

äta
eat

städa
tidy up

älska
love

laga mat
cook

köra
drive

flyga
fly

segla

sail

räkna

calculate

läsa

read

lära sig

learn

arbeta

work

gifta sig

marry

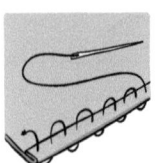

sy

sew

borsta tänderna

brush teeth

döda

kill

röka

smoke

skicka

send

aktiviteter - activities

mormor/farmor
grandmother

morfar/farfar
grandfather

pappa
father

mamma
mother

baby
baby

dotter
daughter

son
son

gäst

guest

moster/faster

aunt

farbror/morbror

uncle

bror

brother

syster

sister

# kropp
# body

panna
forehead
öga
eye
skuldra
shoulder
finger
finger
ansikte
face
haka
chin
hand
hand
ben
leg
bröst
breast
arm
arm

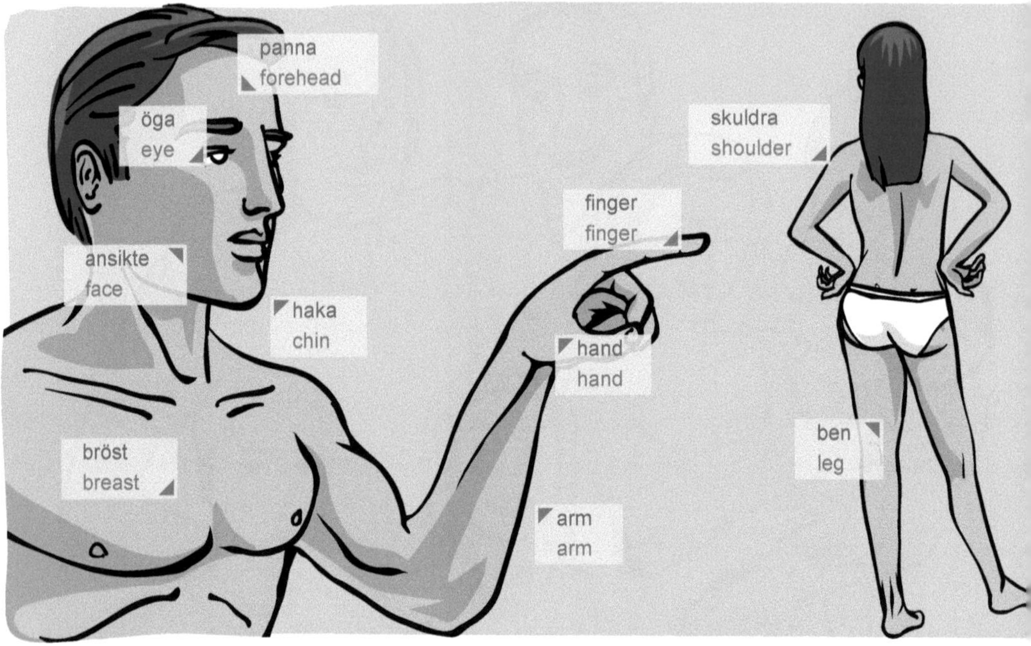

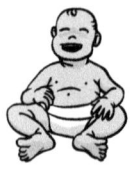

baby
baby

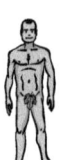

man
man

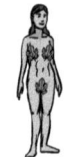

kvinna
woman

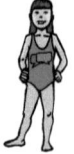

flicka
girl

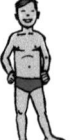

pojke
boy

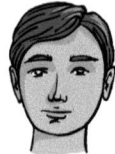

huvud
head

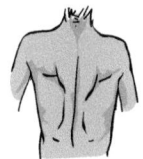

rygg

back

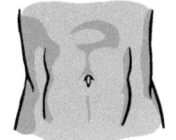

mage

belly

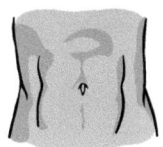

navel

belly button

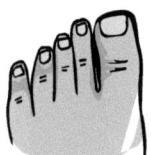

tå

toe

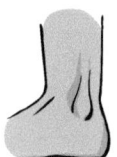

häl

heel

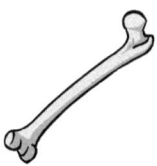

ben

bone

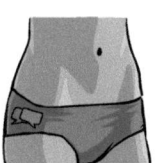

höft

hip

knä

knee

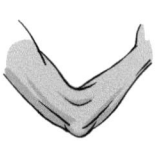

armbåge

elbow

näsa

nose

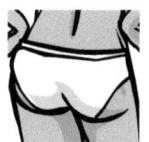

stjärt

bottom

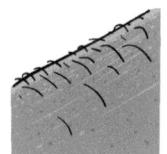

hud

skin

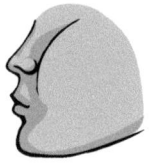

kind

cheek

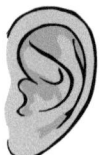

öra

ear

läpp

lip

**kropp - body**

mun

mouth

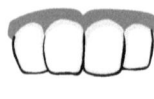

tand

tooth

tunga

tongue

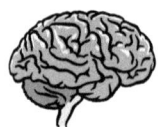

hjärna

brain

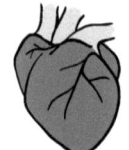

hjärta

heart

muskel

muscle

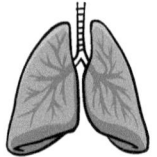

lunga

lung

lever

liver

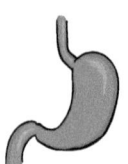

magsäck

stomach

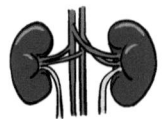

njurar

kidneys

sex

sex

kondom

condom

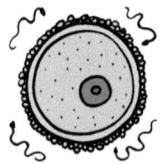

äggcell

ovum

sperma

semen

graviditet

pregnancy

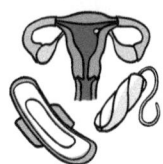

menstruation

menstruation

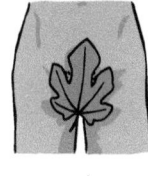

vagina

vagina

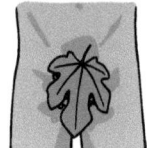

penis

penis

ögonbryn

eyebrow

hår

hair

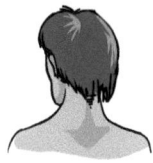

nacke

neck

# sjukhus
# hospital

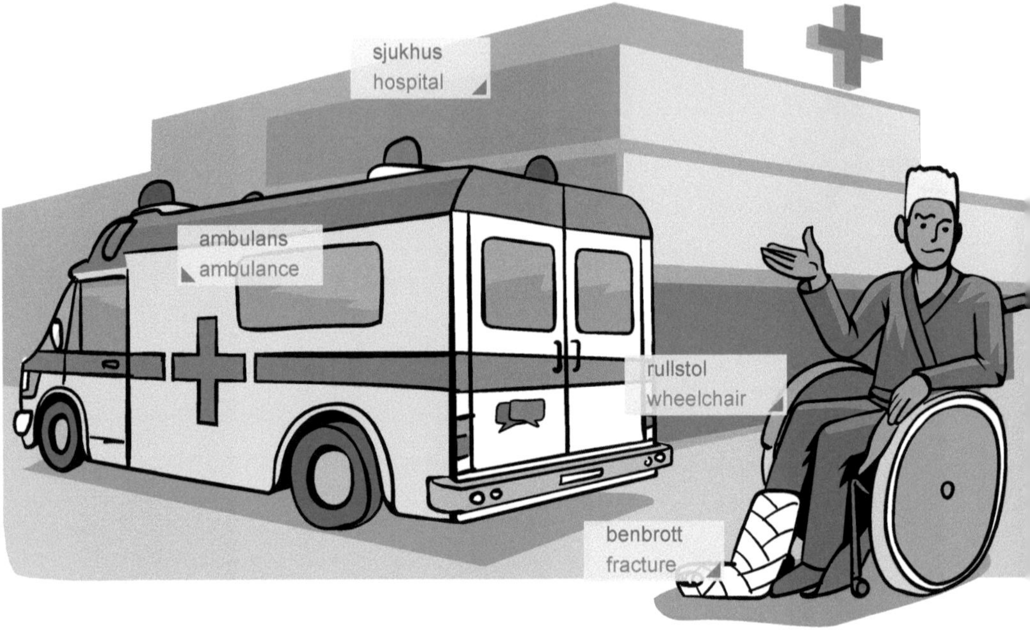

sjukhus
hospital
ambulans
ambulance
rullstol
wheelchair
benbrott
fracture

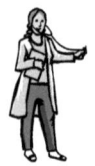

läkare

doctor

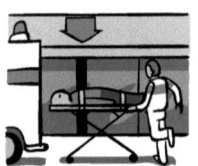

akutmottagning

emergency room

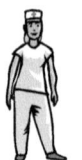

sjuksköterska

nurse

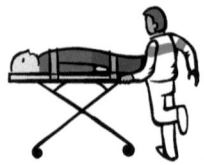

nödsituation

emergency

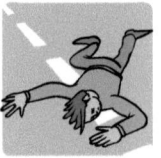

medvetslös

unconscious

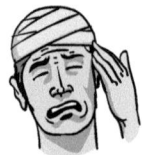

smärta

pain

skada

injury

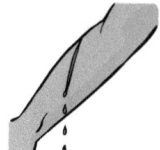

blödning

bleeding

hjärtattack

heart attack

slaganfall

stroke

allergi

allergy

hosta

cough

feber

fever

influensa

flu

diarré

diarrhoea

huvudvärk

headache

cancer

cancer

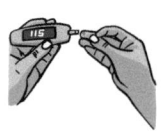

diabetes

diabetes

kirurg

surgeon

skalpell

scalpel

operation

operation

CT

CT

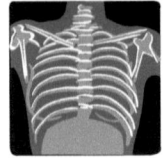

röntgen

x-ray

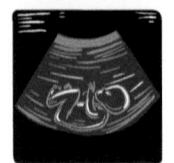

ultraljud

ultrasound

ansiktsmask

face mask

sjukdom

disease

väntsal

waiting room

krycka

crutch

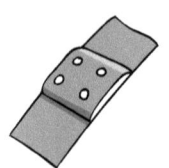

plåster

plaster

bandage

bandage

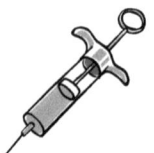

injektion

injection

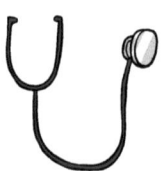

stetoskop

stethoscope

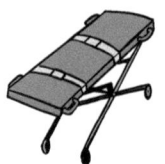

bår

stretcher

termometer

clinical thermometer

födsel

birth

övervikt

overweight

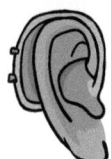

**hörapparat**

hearing aid

**desinfektionsmedel**

disinfectant

**infektion**

infection

**virus**

virus

**HIV / AIDS**

HIV / AIDS

**medicin**

medicine

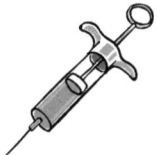

**vaccination**

vaccination

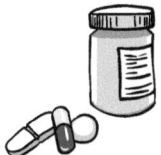

**tabletter**

tablets

**p-piller**

pill

**nödsamtal**

emergency call

**blodtrycksmätare**

blood pressure monitor

**sjuk / frisk**

ill / healthy

| | | |
|---|---|---|
| |  |  |
| Hjälp! | alarm | överfall |
| Help! | alarm | assault |
| 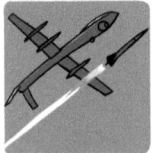 |  |  |
| misshandel | fara | nödutgång |
| attack | danger | emergency exit |
| |  |  |
| Det brinner! | brandsläckare | olycka |
| Fire! | fire extinguisher | accident |
|  |  |  |
| förbandslåda | SOS | polis |
| first-aid kit | SOS | police |

Europa

Europe

Nordamerika

North America

Sydamerika

South America

Afrika

Africa

Asien

Asia

Australien

Australia

Atlanten

Atlantic

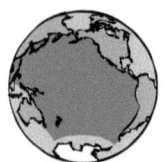

Stilla Havet

Pacific

Indiska Oceanen

Indian Ocean

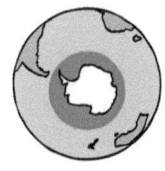

Antarktiska Oceanen

Antarctic Ocean

Arktiska Oceanen

Arctic Ocean

Nordpol

North Pole

Sydpol

South Pole

Antarktis

Antarctica

Jorden

Earth

land

land

hav

sea

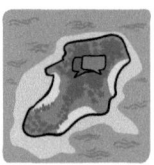

ö

island

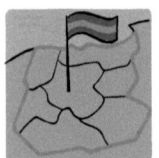

nation

nation

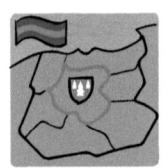

stat

state

urtavla

clock face

timvisare

hour hand

minutvisare

minute hand

sekundvisare

second hand

Vad är klockan?

What time is it?

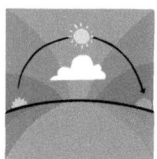

dag

day

tid

time

nu

now

digital klocka

digital watch

minut

minute

timme

hour

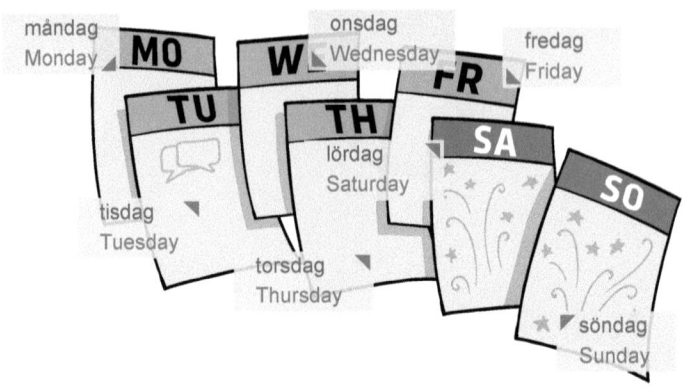

måndag / Monday
onsdag / Wednesday
fredag / Friday
tisdag / Tuesday
torsdag / Thursday
lördag / Saturday
söndag / Sunday

igår

yesterday

idag

today

imorgon

tomorrow

morgon

morning

middag

noon

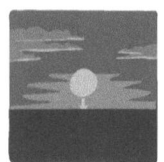

kväll

evening

| MO | TU | WE | TH | FR | SA | SU |
|----|----|----|----|----|----|----|
| 1  | 2  | 3  | 4  | 5  | 6  | 7  |
| 8  | 9  | 10 | 11 | 12 | 13 | 14 |
| 15 | 16 | 17 | 18 | 19 | 20 | 21 |
| 22 | 23 | 24 | 25 | 26 | 27 | 28 |
| 29 | 30 | 31 | 1  | 2  | 3  | 4  |

vardagar

business days

| MO | TU | WE | TH | FR | SA | SU |
|----|----|----|----|----|----|----|
| 1  | 2  | 3  | 4  | 5  | 6  | 7  |
| 8  | 9  | 10 | 11 | 12 | 13 | 14 |
| 15 | 16 | 17 | 18 | 19 | 20 | 21 |
| 22 | 23 | 24 | 25 | 26 | 27 | 28 |
| 29 | 30 | 31 | 1  | 2  | 3  | 4  |

helg

weekend

# år

# year

regn
rain
regnbåge
rainbow
vind
wind
snö
snow
vår
spring
höst
autumn
sommar
summer
vinter
winter


4.APRIL 11°
5.APRIL 4°
6.APRIL 13°
7.APRIL 8°
8.APRIL 10°


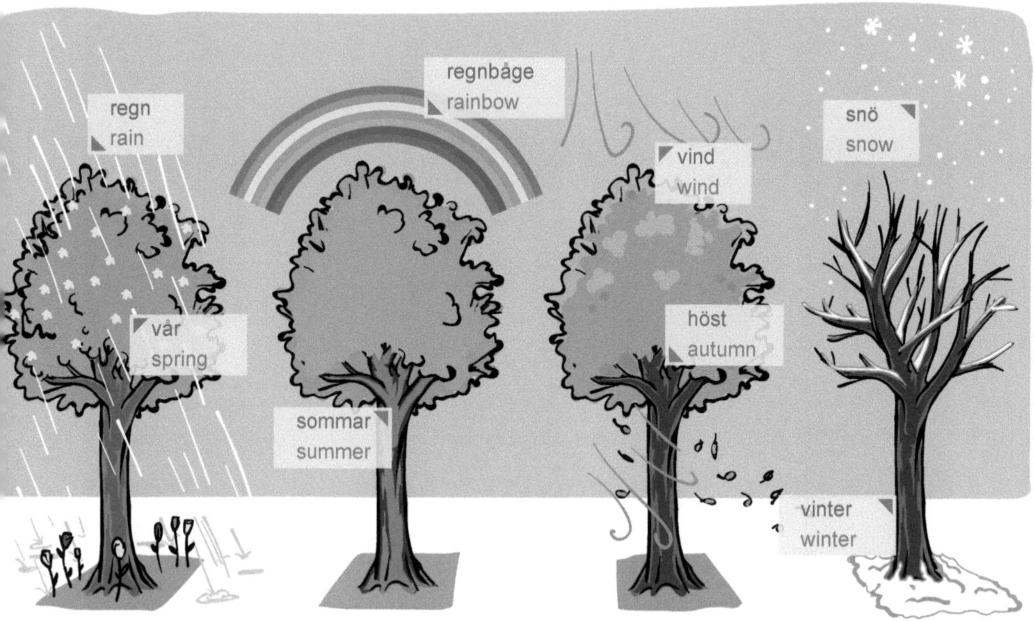

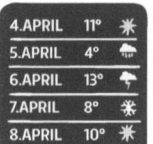

väderprognos

weather forecast

F
C
120
90
60
30
0
-30
40
30
20
10
0
-10
-20


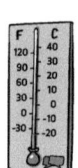

termometer

thermometer

solsken

sunshine

moln

cloud

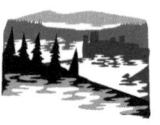

dimma

fog

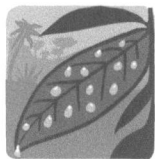

luftfuktighet

humidity

blixt

lightning

åska

thunder

storm

storm

hagel

hail

monsun

monsoon

översvämning

flood

is

ice

januari

January

februari

February

mars

March

april

April

maj

May

juni

June

juli

July

augusti

August

år - year

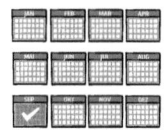

september
September

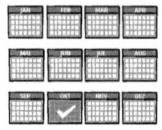

oktober
October

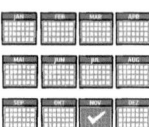

november
November

december
December

## former

## shapes

cirkel
circle

kvadrat
square

rektangel
rectangle

triangel
triangle

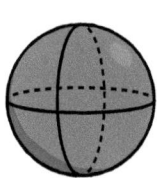

sfär
sphere

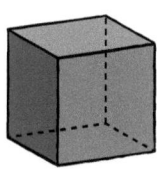

kub
cube

vit

white

gul

yellow

orange

orange

rosa

pink

röd

red

lila

purple

blå

blue

grön

green

brun

brown

grå

grey

svart

black

**mycket / lite**
a lot / a little

**arg / lugn**
angry / calm

**vacker / ful**
beautiful / ugly

**början / slut**
beginning / end

**stor / liten**
big / small

**ljus / mörk**
bright / dark

**bror / syster**
brother / sister

**ren / smutsig**
clean / dirty

**komplett / ofullständig**
complete / incomplete

**dag / natt**
day / night

**död / levande**
dead / alive

**bred / smal**
wide / narrow

ätlig / oätlig

edible / inedible

ond / god

evil / kind

upphetsad / uttråkad

excited / bored

tjock / smal

fat / thin

först / sist

first / last

vän / fiende

friend / enemy

full / tom

full / empty

hård / mjuk

hard / soft

tung / lätt

heavy / light

hunger / törst

hunger / thirst

sjuk / frisk

ill / healthy

olaglig / laglig

illegal / legal

intelligent / dum

intelligent / stupid

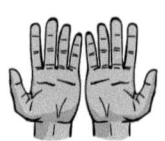

vänster / höger

left / right

nära / långt bort

near / far

**ny / begagnad**

new / used

**inget / något**

nothing / something

**gammal / ung**

old / young

**på / av**

on / off

**öppen / stängd**

open / closed

**tyst / högljudd**

quiet / loud

**rik / fattig**

rich / poor

**rätt / fel**

right / wrong

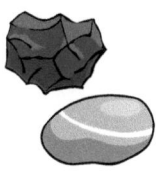

**grov / slät**

rough / smooth

**ledsen / glad**

sad / happy

**kort / lång**

short / long

**långsam / snabb**

slow / fast

**våt / torr**

wet / dry

**varm / sval**

warm / cool

**krig / fred**

war / peace

**0**

noll

zero

**1**

ett

one

**2**

två

two

**3**

tre

three

**4**

fyra

four

**5**

fem

five

**6**

sex

six

**7**

sju

seven

**8**

åtta

eight

**9**

nio

nine

**10**

tio

ten

**11**

elva

eleven

**12**

tolv

twelve

**13**

tretton

thirteen

**14**

fjorton

fourteen

**15**

femton

fifteen

**16**

sexton

sixteen

**17**

sjutton

seventeen

**18**

arton

eighteen

**19**

nitton

nineteen

**20**

tjugo

twenty

**100**

hundra

hundred

**1.000**

tusen

thousand

**1.000.000**

miljon

million

engelska

English

amerikansk engelska

American English

kinesisk mandarin

Chinese Mandarin

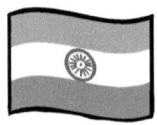

hindi

Hindi

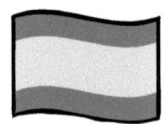

spanska

Spanish

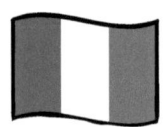

franska

French

arabiska

Arabic

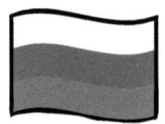

ryska

Russian

portugisiska

Portuguese

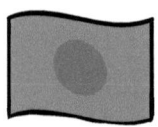

bengali

Bengali

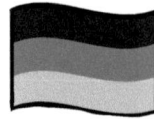

tyska

German

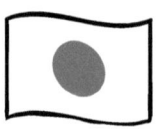

japanska

Japanese

jag

I

du

you

han / hon / den (det)

he / she / it

vi

we

ni

you

de

they

vem?

who?

vad?

what?

hur?

how?

var?

where?

när?

when?

namn

name

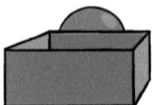

bakom

behind

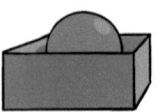

i

in

framför

in front of

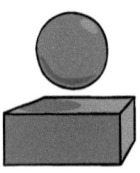

över

over

på

on

under

under

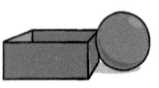

bredvid

beside

mellan

between

plats

place